PREFÁCIO

A coleção de frases de viagem "Vai tudo correr bem!" publicada pela T&P Books é concebida para pessoas que vão ao estrangeiro em viagens de turismo e negócios. Os livros de frases contêm o que é mais importante - o essencial para uma comunicação básica. Este é um conjunto indispensável de frases para "sobreviver" no estrangeiro.

Este Guia de Conversação irá ajudá-lo na maioria das situações em que precise de perguntar alguma coisa, obter direções, saber quanto custa algo, etc. Pode também resolver situações de difícil comunicação onde os gestos simplesmente não ajudam.

Este livro contém uma série de frases que foram agrupadas de acordo com os tópicos mais relevantes. Também encontrará um mini dicionário com palavras úteis - números, tempo, calendário, cores ...

Leve consigo para a estrada o Guia de Conversação "Vai tudo correr bem!" e terá um companheiro de viagem insubstituível, que irá ajudá-lo a encontrar o seu caminho em qualquer situação e ensiná-lo a não recear falar com estrangeiros.

TABELA DE CONTEÚDOS

T&P Books Publishing

T&P Books Publishing

GUIA DE CONVERSAÇÃO

— RUSSO —

Andrey Taranov

AS PALAVRAS E AS FRASES MAIS ÚTEIS

Este guia de conversação contém frases e perguntas comuns essenciais para uma comunicação básica com estrangeiros

T&P BOOKS

Frases + dicionário de 250 palavras

Guia de Conversação Português-Russo e mini dicionário 250 palavras

Por Andrey Taranov

A coleção de frases de viagem "Vai tudo correr bem!" publicada pela T&P Books é concebida para pessoas que vão ao estrangeiro em viagens de turismo e negócios. Os livros de frases contêm o que é mais importante - o essencial para uma comunicação básica. Este é um conjunto indispensável de frases para "sobreviver" no estrangeiro.

Também encontrará um mini dicionário com 250 palavras úteis necessárias para a comunicação do dia a dia - os nomes dos meses e dias da semana, medidas, membros da família e muito mais.

Editora T&P Books
www.tpbooks.com

ISBN: 978-1-78492-567-3

Este livro também está disponível em formato E-book.
Por favor visite www.tpbooks.com ou as principais livrarias on-line.

PRONÚNCIA

Letra	Exemplo Russo	Alfabeto fonético T&P	Exemplo Português
А, а	трава	[ɑ], [a]	amar
Е, е	перерыв	[e]	metal
Ё, ё	ёлка	[jɔ:], [ɜ:]	ioga
И, и	филин	[i], [i:]	sinónimo
О, о	корова	[o], [o:]	noite
У, у	Тулуза	[u], [u:]	bonita
Э, э	эволюция	[ɛ]	mesquita
Ю, ю	трюм	[ju:], [ju]	nacional
Я, я	яблоко	[ja:], [æ:]	Himalaias
Б, б	баобаб	[b]	barril
В, в	врач, вино	[v]	fava
Г, г	глагол	[g]	gosto
Д, д	дом, труд	[d]	dentista
Ж, ж	живот	[ʒ]	talvez
З, з	зоопарк	[z]	sésamo
Й, й	йога	[j]	géiser
ой	стройка	[ɔɪ]	moita
ай	край	[aj]	baixar
К, к	кино, сок	[k]	kiwi
Л, л	лопата	[l]	libra
М, м	март, сом	[m]	magnólia
Н, н	небо	[n]	natureza
П, п	папа	[p]	presente
Р, р	урок, робот	[r]	riscar
С, с	собака	[s]	sanita
Т, т	ток, стая	[t]	tulipa
Ф, ф	фарфор	[f]	safári
Х, х	хобот, страх	[h]	[h] aspirada
Ц, ц	цапля	[ts]	tsé-tsé
Ч, ч	чемодан	[tʃ]	Tchau!
Ш, ш	шум, шашки	[ʃ]	mês
Щ, щ	щенок	[ɕ]	shiatsu
Ы, ы	рыба	[ɪ]	sinónimo

Letra	Exemplo Russo	Alfabeto fonético T&P	Exemplo Português
Ь, ь	дверь	[ʲ]	sinal suave
нь	конь	[ɲ]	ninhada
ль	соль	[ʎ]	barulho
ть	статья	[t]	sitiar
Ъ, ъ	подъезд	[ˮ]	sinal forte. não representa nenhum som

LISTA DE ABREVIATURAS

Abreviaturas do Português

adj	-	adjetivo
adv	-	advérbio
anim.	-	animado
conj.	-	conjunção
desp.	-	desporto
etc.	-	etecetra
ex.	-	por exemplo
f	-	nome feminino
f pl	-	feminino plural
fem.	-	feminino
inanim.	-	inanimado
m	-	nome masculino
m pl	-	masculino plural
m, f	-	masculino, feminino
masc.	-	masculino
mat.	-	matemática
mil.	-	militar
pl	-	plural
prep.	-	preposição
pron.	-	pronome
sb.	-	sobre
sing.	-	singular
v aux	-	verbo auxiliar
vi	-	verbo intransitivo
vi, vt	-	verbo intransitivo, transitivo
vp	-	verbo pronominal
vt	-	verbo transitivo

Abreviaturas do Russo

ж	-	nome feminino
ж мн	-	feminino plural
м	-	nome masculino
м мн	-	masculino plural
м, ж	-	masculino, feminino
мн	-	plural

с   -   neutro

с мн   -   neutro plural

GUIA DE CONVERSAÇÃO RUSSO

Esta secção contém frases
importantes que podem vir
a ser úteis em várias
situações da vida real.
O Guia de Conversação irá
ajudá-lo a pedir orientações,
esclarecer um preço,
comprar bilhetes e pedir
comida num restaurante

T&P Books Publishing

CONTEÚDO DO GUIA DE CONVERSAÇÃO

T&P Books Publishing

O mínimo

Desculpe, ...

Извините, ...
[izwi'nite, ...]

Olá!

Здравствуйте.
['zdrastvujte]

Obrigado /Obrigada/.

Спасибо.
[spa'sibə]

Adeus.

До свидания.
[da swi'danija]

Sim.

Да.
[da]

Não.

Нет.
[net]

Não sei.

Я не знаю.
[ja ne 'znaʲʉ]

Onde? | Para onde? | Quando?

Где? | Куда? | Когда?
[gde? | kʊ'da? | kag'da?]

Preciso de ...

Мне нужен ...
[mne 'nʊʒən ...]

Eu queria ...

Я хочу ...
[ja ha'ʧu ...]

Tem ...?

У вас есть ...?
[u vas estʲ ...?]

Há aqui ...?

Здесь есть ...?
[zdesʲ estʲ ...?]

Posso ...?

Я могу ...?
[ja ma'gʊ ...?]

..., por favor

пожалуйста
[pa'ʒaləstə]

Estou à procura de ...

Я ищу ...
[ja i'ɕu ...]

casa de banho

туалет
[tʊa'let]

Multibanco

банкомат
[banka'mat]

farmácia

аптеку
[ap'tekʊ]

hospital

больницу
[balʲ'niʦu]

esquadra de polícia

полицейский участок
[pali'ʦɛjskij u'ʧastək]

metro

метро
[met'rɔ]

táxi	такси [tak'si]
estação de comboio	вокзал [vak'zal]

Chamo-me ...	Меня зовут … [mi'ɲa za'vʊt …]
Como se chama?	Как вас зовут? [kak vas za'vʊt?]
Pode-me dar uma ajuda?	Помогите мне, пожалуйста. [pama'gite mne, pa'ʒaləstə]
Tenho um problema.	У меня проблема. [u me'ɲa prab'lema]
Não me sinto bem.	Мне плохо. [mne 'plɔhə]
Chame a ambulância!	Вызовите скорую! [vɪzawite 'skorʊʲʉ!]
Posso fazer uma chamada?	Могу я позвонить? [ma'gʊ ja pazva'nitʲ?]

Desculpe.	Извините. [izwi'nite]
De nada.	Пожалуйста. [pa'ʒaləstə]

eu	я [ja]
tu	ты [tɪ]
ele	он [ɔn]
ela	она [a'na]
eles	они [a'ni]
elas	они [a'ni]
nós	мы [mɪ]
vocês	вы [vɪ]
você	Вы [vɪ]

ENTRADA	ВХОД [vhɔt]
SAÍDA	ВЫХОД ['vɪhət]
FORA DE SERVIÇO	НЕ РАБОТАЕТ [ne ra'botaet]
FECHADO	ЗАКРЫТО [zak'rɪtə]

ABERTO	**ОТКРЫТО** [atkˈrɪtə]
PARA SENHORAS	**ДЛЯ ЖЕНЩИН** [dʎa ˈʒɛnɕin]
PARA HOMENS	**ДЛЯ МУЖЧИН** [dʎa mʊˈɕin]

Perguntas

Onde?	**Где?** [gde?]
Para onde?	**Куда?** [kʊ'da?]
De onde?	**Откуда?** [at'kʊda?]
Porquê?	**Почему?** [patʃe'mʊ?]
Porque razão?	**Зачем?** [za'tʃem?]
Quando?	**Когда?** [kag'da?]

Quanto tempo?	**Как долго?** [kak 'dɔlga?]
A que horas?	**Во сколько?** [va 'skɔlʲkə?]
Quanto?	**Сколько стоит?** ['skɔlʲkə 'stɔit?]
Tem ...?	**У вас есть ...?** [u vas estʲ ...?]
Onde fica ...?	**Где находится ...?** [gde na'hoditsa ...?]

Que horas são?	**Который час?** [ka'tɔrıj tʃas?]
Posso fazer uma chamada?	**Могу я позвонить?** [ma'gʊ ja pazva'nitʲ?]
Quem é?	**Кто там?** [ktɔ tam?]
Posso fumar aqui?	**Могу я здесь курить?** [ma'gʊ ja zdesʲ kʊ'ritʲ?]
Posso ...?	**Я могу ...?** [ja ma'gʊ ...?]

Necessidades

Eu gostaria de …	**Я бы хотел /хотела/ …** [ja bɪ ha'tel /ha'tela/ …]
Eu não quero …	**Я не хочу …** [ja ne ha'tʃu …]
Tenho sede.	**Я хочу пить.** [ja ha'tʃu pitʲ]
Eu quero dormir.	**Я хочу спать.** [ja ha'tʃu spatʲ]
Eu queria …	**Я хочу …** [ja ha'tʃu …]
lavar-me	**умыться** [u'mɪtsa]
escovar os dentes	**почистить зубы** [pa'tʃistitʲ 'zubɪ]
descansar um pouco	**немного отдохнуть** [nem'nɔɡə atdah'nutʲ]
trocar de roupa	**переодеться** [perea'detsa]
voltar ao hotel	**вернуться в гостиницу** [wer'nutsa v gas'tinitsu]
comprar …	**купить …** [ku'pitʲ …]
ir para …	**съездить в …** [sʰ'ezditʲ v …]
visitar …	**посетить …** [pasi'titʲ …]
encontrar-me com …	**встретиться с …** [vstrʲ'etitsa s …]
fazer uma chamada	**позвонить** [pazva'nitʲ]
Estou cansado /cansada/.	**Я устал /устала/.** [ja us'tal /us'tala/]
Nós estamos cansados /cansadas/.	**Мы устали.** [mɪ us'tali]
Tenho frio.	**Мне холодно.** [mne 'hɔladnə]
Tenho calor.	**Мне жарко.** [mne 'ʒarkə]
Estou bem.	**Мне нормально.** [mne nar'malʲnə]

Preciso de telefonar.

Мне надо позвонить.
[mne 'nada pazva'niti]

Preciso de ir à casa de banho.

Мне надо в туалет.
[mne 'nada v tʊa'let]

Tenho de ir.

Мне пора.
[mne pa'ra]

Tenho de ir agora.

Мне надо идти.
[mne 'nada it'ti]

Perguntando por direções

Desculpe, ...	**Извините, ...** [izwi'nite, ...]
Onde fica ...?	**Где находится ...?** [gde na'hɔditsa ...?]
Para que lado fica ...?	**В каком направлении находится ...?** [v ka'kɔm naprav'lenii na'hɔditsa ...?]
Pode-me dar uma ajuda?	**Помогите мне, пожалуйста.** [pama'gite mne, pa'ʒaləstə]
Estou à procura de ...	**Я ищу ...** [ja i'ɕu ...]
Estou à procura da saída.	**Я ищу выход.** [ja i'ɕu 'vɪhət]
Eu vou para ...	**Я еду в ...** [ja 'edʊ v ...]
Estou a ir bem para ...?	**Я правильно иду ...?** [ja 'prawilʲnə i'dʊ ...?]
Fica longe?	**Это далеко?** ['ɛtə dale'kɔ?]
Posso ir até lá a pé?	**Я дойду туда пешком?** [ja daj'dʊ tʊ'da peʃ'kɔm?]
Pode-me mostrar no mapa?	**Покажите мне на карте, пожалуйста.** [paka'ʒite mne na 'karte, pa'ʒaləstə]
Mostre-me onde estamos de momento.	**Покажите, где мы сейчас.** [paka'ʒite, gde mɪ se'ʧas]
Aqui	**Здесь** [zdesʲ]
Ali	**Там** [tam]
Por aqui	**Сюда** [sʲʉ'da]
Vire à direita.	**Поверните направо.** [pawer'nite nap'ravə]
Vire à esquerda.	**Поверните налево.** [pawer'nite na'levə]
primeira (segunda, terceira) curva	**первый (второй, третий) поворот** ['pervɪj (vta'rɔj, 'tretij) pava'rɔt]
para a direita	**направо** [nap'ravə]

para a esquerda	**налево** [na'levə]
Vá sempre em frente.	**Идите прямо.** [i'dite 'prʲamə]

Sinais

BEM-VINDOS!	**ДОБРО ПОЖАЛОВАТЬ!** [dab'rɔ pa'ʒalavətʲ!]
ENTRADA	**ВХОД** [vhɔt]
SAÍDA	**ВЫХОД** ['vɪhət]

EMPURRAR	**ОТ СЕБЯ** [at se'bʲa]
PUXAR	**НА СЕБЯ** [na se'bʲa]
ABERTO	**ОТКРЫТО** [atk'rɪtə]
FECHADO	**ЗАКРЫТО** [zak'rɪtə]

PARA SENHORAS	**ДЛЯ ЖЕНЩИН** [dʎa 'ʒɛnɕin]
PARA HOMENS	**ДЛЯ МУЖЧИН** [dʎa mʊ'ɕin]
HOMENS, CAVALHEIROS (M)	**МУЖСКОЙ ТУАЛЕТ** [mʊʃs'kɔj tʊa'let]
SENHORAS (F)	**ЖЕНСКИЙ ТУАЛЕТ** [ʒɛnskij tʊa'let]

DESCONTOS	**СКИДКИ** ['skitki]
SALDOS	**РАСПРОДАЖА** [raspra'daʒa]
GRATUITO	**БЕСПЛАТНО** [bisp'latnə]
NOVIDADE!	**НОВИНКА!** [na'vinka!]
ATENÇÃO!	**ВНИМАНИЕ!** [vni'maniə!]

NÃO HÁ VAGAS	**МЕСТ НЕТ** [mest 'net]
RESERVADO	**ЗАРЕЗЕРВИРОВАНО** [zarizer'wiravanə]
ADMINISTRAÇÃO	**АДМИНИСТРАЦИЯ** [administ'raʦija]
ACESSO RESERVADO	**ТОЛЬКО ДЛЯ ПЕРСОНАЛА** [tɔlʲkə dʎa persa'nala]

CUIDADO COM O CÃO	**ЗЛАЯ СОБАКА** ['zlaja sa'baka]
NÃO FUMAR!	**НЕ КУРИТЬ!** [ne kʊ'ritʲ!]
NÃO MEXER!	**РУКАМИ НЕ ТРОГАТЬ!** [rʊ'kami ne 'trɔgatʲ!]
PERIGOSO	**ОПАСНО** [a'pasnə]
PERIGO	**ОПАСНОСТЬ** [a'pasnəstʲ]
ALTA TENSÃO	**ВЫСОКОЕ НАПРЯЖЕНИЕ** [vɪ'sɔkae napri'ʒɛnie]
PROIBIDO NADAR	**КУПАТЬСЯ ЗАПРЕЩЕНО** [kʊ'patsa zapriɕe'nɔ!]

FORA DE SERVIÇO	**НЕ РАБОТАЕТ** [ne ra'botaet]
INFLAMÁVEL	**ОГНЕОПАСНО** [agnea'pasnə]
PROIBIDO	**ЗАПРЕЩЕНО** [zapriɕe'nɔ]
PASSAGEM PROIBIDA	**ПРОХОД ЗАПРЕЩЁН** [pra'hɔt zapri'ɕon!]
PINTADO DE FRESCO	**ОКРАШЕНО** [ak'raʃenə]

FECHADO PARA OBRAS	**ЗАКРЫТО НА РЕМОНТ** [zak'rɪtə na re'mɔnt]
TRABALHOS NA VIA	**РЕМОНТНЫЕ РАБОТЫ** [re'mɔntnɪe ra'bɔtɪ]
DESVIO	**ОБЪЕЗД** [abʰ"ezt]

Transportes. Frases gerais

avião	**самолёт** [sama'lʲot]
comboio	**поезд** ['pɔest]
autocarro	**автобус** [aft'ɔbʊs]
ferri	**паром** [pa'rɔm]
táxi	**такси** [tak'si]
carro	**машина** [ma'ʃina]
horário	**расписание** [raspi'sanie]
Onde posso ver o horário?	**Где можно посмотреть расписание?** [gde 'mɔʒnə pasmat'retʲ raspi'sanie?]
dias de trabalho	**рабочие дни** [ra'bɔtʃie dni]
fins de semana	**выходные дни** [vɪhad'nɪe dni]
férias	**праздничные дни** ['prazdnitʃnɪe dni]
PARTIDA	**ОТПРАВЛЕНИЕ** [atprav'lenie]
CHEGADA	**ПРИБЫТИЕ** [pri'bɪtie]
ATRASADO	**ЗАДЕРЖИВАЕТСЯ** [za'derʒivaetsa]
CANCELADO	**ОТМЕНЕН** [atme'nʲon]
próximo (comboio, etc.)	**следующий** ['sledʊɕij]
primeiro	**первый** ['pervɪj]
último	**последний** [pas'lednij]
Quando é o próximo ...?	**Когда будет следующий ...?** [kag'da 'bʊdet 'sledʊɕij ...?]
Quando é o primeiro ...?	**Когда отходит первый ...?** [kag'da at'hɔdit 'pervɪj ...?]

Quando é o último ...?

Когда уходит последний ...?
[kag'da u'hɔdit pas'lednij ...?]

transbordo

пересадка
[piri'satka]

fazer o transbordo

сделать пересадку
['sdelatʲ piri'satkʊ]

Preciso de fazer o transbordo?

Мне нужно делать пересадку?
[mne 'nʊʒnə 'delatʲ piri'satkʊ?]

Comprando bilhetes

Onde posso comprar bilhetes?	**Где можно купить билеты?** [gde 'mɔʒnə kʊ'pitʲ bi'letɪ?]
bilhete	**билет** [bi'let]
comprar um bilhete	**купить билет** [kʊ'pitʲ bi'let]
preço do bilhete	**стоимость билета** [stɔiməstʲ bi'leta]
Para onde?	**Куда?** [kʊ'da?]
Para que estação?	**До какой станции?** [dɔ ka'kɔj 'stantsii?]
Preciso de ...	**Мне нужно ...** [mne 'nʊʒnə ...]
um bilhete	**один билет** [a'din bi'let]
dois bilhetes	**два билета** [dva bi'leta]
três bilhetes	**три билета** [tri bi'leta]
só de ida	**в один конец** [v a'din ka'nets]
de ida e volta	**туда и обратно** [tʊ'da i ab'ratnə]
primeira classe	**первый класс** ['pervɪj klass]
segunda classe	**второй класс** [fta'rɔj klass]
hoje	**сегодня** [si'vɔdɲa]
amanhã	**завтра** ['zaftra]
depois de amanhã	**послезавтра** [pɔsle'zaftra]
de manhã	**утром** ['utrəm]
à tarde	**днём** [dnʲom]
ao fim da tarde	**вечером** ['wetʃerəm]

lugar de corredor	**место у прохода** ['mestə u pra'hɔda]
lugar à janela	**место у окна** ['mestə u ak'na]
Quanto?	**Сколько?** ['skɔlʲkə?]
Posso pagar com cartão de crédito?	**Могу я заплатить карточкой?** [ma'gʊ ja zapla'titʲ 'kartətʃkəj?]

Autocarro

autocarro	**автобус** [aft'ɔbʊs]
camioneta (autocarro interurbano)	**междугородний автобус** [meʒdʊga'rɔdnij aft'ɔbʊs]
paragem de autocarro	**автобусная остановка** [aft'ɔbʊsnaja asta'nɔfka]
Onde é a paragem de autocarro mais perto?	**Где ближайшая автобусная остановка?** [gde bli'ʒajʃəja aft'ɔbʊsnaja asta'nɔfka?]

número	**номер** ['nɔmer]
Qual o autocarro que apanho para ...?	**Какой автобус идёт до ...?** [ka'kɔj aft'ɔbʊs i'dʲot dɔ ...?]
Este autocarro vai até ...?	**Этот автобус идёт до ...?** [ɛtət av'tɔbʊs i'dʲot dɔ ...?]
Com que frequência passam os autocarros?	**Как часто ходят автобусы?** [kak 'tʃastə 'hɔdʲat aft'ɔbʊsɪ?]

de 15 em 15 minutos	**каждые 15 минут** ['kaʒdɪe pit'natsatʲ mi'nʊt]
de meia em meia hora	**каждые полчаса** ['kaʒdɪe pɔltʃa'sa]
de hora a hora	**каждый час** ['kaʒdɪj tʃas]
várias vezes ao dia	**несколько раз в день** ['neskalʲkə raz v denʲ]
... vezes ao dia	**... раз в день** [... raz v denʲ]

horário	**расписание** [raspi'sanie]
Onde posso ver o horário?	**Где можно посмотреть расписание?** [gde 'mɔʒnə pasmat'retʲ raspi'sanie?]

Quando é o próximo autocarro?	**Когда будет следующий автобус?** [kag'da 'bʊdet 'sledʊɕij aft'ɔbʊs?]
Quando é o primeiro autocarro?	**Когда отходит первый автобус?** [kag'da at'hɔdit 'pervɪj aft'ɔbʊs?]
Quando é o último autocarro?	**Когда уходит последний автобус?** [kag'da u'hɔdit pas'lednij aft'ɔbʊs?]
paragem	**остановка** [asta'nɔfka]

próxima paragem

следующая остановка
['sleduɕeja asta'nɔfka]

última paragem

конечная остановка
[ka'netʃneja asta'nɔfka]

Pare aqui, por favor.

Остановите здесь, пожалуйста.
[astana'wite zdesʲ, pa'ʒaləstə]

Desculpe, esta é a minha paragem.

Разрешите, это моя остановка.
[razre'ʃite, 'ɛtə ma'ja asta'nɔfka]

Comboio

comboio	**поезд** ['pɔest]
comboio sub-urbano	**пригородный поезд** ['prigəradnɪj 'pɔest]
comboio de longa distância	**поезд дальнего следования** ['pɔest 'dalʲnevə 'sledavanija]
estação de comboio	**вокзал** [vak'zal]
Desculpe, onde fica a saída para a plataforma?	**Извините, где выход к поездам?** [izwi'nite, gde 'vɪhət k paez'dam?]
Este comboio vai até ...?	**Этот поезд идёт до ...?** ['ɛtət 'pɔest i'dʲot dɔ ...?]
próximo comboio	**следующий поезд** ['sleduɕij 'pɔest]
Quando é o próximo comboio?	**Когда будет следующий поезд?** [kag'da 'budet 'sleduɕij 'pɔest?]
Onde posso ver o horário?	**Где можно посмотреть расписание?** [gde 'mɔʒnə pasmat'retʲ raspi'sanie?]
Apartir de que plataforma?	**С какой платформы?** [s ka'kɔj plat'fɔrmɪ?]
Quando é que o comboio chega a ...?	**Когда поезд прибывает в ...?** [kag'da 'pɔest pribɪ'vaet v ...?]
Ajude-me, por favor.	**Помогите мне, пожалуйста.** [pama'gite mne, pa'ʒaləstə]
Estou à procura do meu lugar.	**Я ищу своё место.** [ja i'ɕu sva'ʲo 'mestə]
Nós estamos à procura dos nossos lugares.	**Мы ищем наши места.** [mɪ 'iɕem 'naʃi mes'ta]
O meu lugar está ocupado.	**Моё место занято.** [ma'ʲo 'mestə 'zaɲatə]
Os nossos lugares estão ocupados.	**Наши места заняты.** ['naʃi mes'ta 'zaɲatɪ]
Peço desculpa mas este é o meu lugar.	**Извините, пожалуйста, но это моё место.** [izwi'nite, pa'ʒaləstə, nɔ 'ɛtə ma'ʲo 'mestə]
Este lugar está ocupado?	**Это место свободно?** [ɛtə 'mestə sva'bɔdnə?]
Posso sentar-me aqui?	**Могу я здесь сесть?** [ma'gu ja zdesʲ 'sestʲ?]

No comboio. Diálogo (Sem bilhete)

Bilhete, por favor.	**Ваш билет, пожалуйста.**
	[vaʃ bi'let, pa'ʒaləstə]
Não tenho bilhete.	**У меня нет билета.**
	[u me'ɲa net bi'leta]
Perdi o meu bilhete.	**Я потерял /потеряла/ свой билет.**
	[ja pate'rʲal /pate'rʲala/ svoj bi'let]
Esqueci-me do bilhete em casa.	**Я забыл /забыла/ билет дома.**
	[ja za'bɪl /za'bɪla/ bi'let 'dɔma]

Pode comprar um bilhete a mim.	**Вы можете купить билет у меня.**
	[vɪ 'mɔʒɛte kʊ'pitʲ bi'let u me'ɲa]
Terá também de pagar uma multa.	**Вам ещё придётся заплатить штраф.**
	[vam i'çʲo pri'dʲotsa zapla'titʲ 'ʃtraf]
Está bem.	**Хорошо.**
	[hara'ʃɔ]
Onde vai?	**Куда вы едете?**
	[kʊ'da vɪ 'edete?]
Eu vou para ...	**Я еду до ...**
	[ja 'edʊ dɔ ...]

Quanto é? Eu não entendo.	**Сколько? Я не понимаю.**
	['skolʲkə? ja ne pani'maʲʉ]
Escreva, por favor.	**Напишите, пожалуйста.**
	[napi'ʃite, pa'ʒaləstə]
Está bem. Posso pagar com cartão de crédito?	**Хорошо. Могу я заплатить карточкой?**
	[hara'ʃɔ. ma'gʊ ja zapla'titʲ 'kartətʃkəj?]
Sim, pode.	**Да, можете.**
	[da 'mɔʒɛte]

Aqui tem a sua fatura.	**Вот ваша квитанция.**
	[vɔt 'vaʃʌ kwi'tantsija]
Desculpe pela multa.	**Сожалею о штрафе.**
	[saʒə'leʲʉ ɔ 'ʃtrafe]
Não tem mal. A culpa foi minha.	**Это ничего. Это моя вина.**
	['ɛtə nitʃe'vɔ. 'ɛtə ma'ja wi'na]
Desfrute da sua viagem.	**Приятной вам поездки.**
	[pri'jatnəj vam pa'eztki]

Taxi

táxi	**такси** [tak'si]
taxista	**таксист** [tak'sist]
apanhar um táxi	**поймать такси** [paj'matʲ tak'si]
paragem de táxis	**стоянка такси** [sta'janka tak'si]
Onde posso apanhar um táxi?	**Где я могу взять такси?** [gde ja ma'gʊ vzʲatʲ tak'si?]
chamar um táxi	**вызвать такси** ['vɪzvatʲ tak'si]
Preciso de um táxi.	**Мне нужно такси.** [mne 'nʊʒnə tak'si]
Agora.	**Прямо сейчас.** ['prʲamə se'tʃas]
Qual é a sua morada?	**Ваш адрес?** [vaʃ 'adres?]
A minha morada é …	**Мой адрес …** [mɔj 'adres …]
Qual o seu destino?	**Куда вы поедете?** [kʊ'da vɪ pɔ'edete?]
Desculpe, …	**Извините, …** [izwi'nite, …]
Está livre?	**Вы свободны?** [vɪ sva'bɔdnɪ?]
Em quanto fica a corrida até …?	**Сколько стоит доехать до …?** ['skɔlʲkə 'stɔit da'ehatʲ dɔ …?]
Sabe onde é?	**Вы знаете, где это?** [vɪ 'znaete, 'gde ɛtə?]
Para o aeroporto, por favor.	**В аэропорт, пожалуйста.** [v aera'pɔrt, pa'ʒaləstə]
Pare aqui, por favor.	**Остановитесь здесь, пожалуйста.** [astana'witesʲ zdesʲ, pa'ʒaləstə]
Não é aqui.	**Это не здесь.** ['ɛtə ne zdesʲ]
Esta morada está errada. (Não é aqui)	**Это неправильный адрес.** ['ɛtə nep'rawilʲnɪj 'adres]
Vire à esquerda.	**Сейчас налево.** [si'tʃas na'levə]
Vire à direita.	**Сейчас направо.** [si'tʃas nap'ravə]

Quanto lhe devo?	**Сколько я вам должен /должна/?** ['skɔlʲkə ja vam 'dɔlʒen /dɔlʒ'na/?]
Queria fatura, por favor.	**Дайте мне чек, пожалуйста.** [dajte mne 'tʃek, pa'ʒaləstə]
Fique com o troco.	**Сдачи не надо.** [sdatʃi ne 'nadə]

Espere por mim, por favor.	**Подождите меня, пожалуйста.** [padaʒ'dite me'ɲa, pa'ʒaləstə]
5 minutos	**5 минут** [pʲatʲ mi'nʊt]
10 minutos	**10 минут** ['desʲatʲ mi'nʊt]
15 minutos	**15 минут** [pit'natsatʲ mi'nʊt]
20 minutos	**20 минут** ['dvatsatʲ mi'nʊt]
meia hora	**полчаса** [pɔltʃa'sa]

Hotel

Olá!	**Здравствуйте.** ['zdrastvujte]
Chamo-me ...	**Меня зовут ...** [mi'ɲa za'vʊt ...]
Tenho uma reserva.	**Я резервировал /резервировала/ номер.** [ja rezer'virəval /rezer'virəvala/ 'nɔmer]
Preciso de ...	**Мне нужен ...** [mne 'nʊʒən ...]
um quarto de solteiro	**одноместный номер** [ədna'mesnıj 'nɔmer]
um quarto de casal	**двухместный номер** [dvʊh'mesnıj 'nɔmer]
Quanto é?	**Сколько он стоит?** ['skolʲkə ɔn 'stoit?]
Está um pouco caro.	**Это немного дорого.** [ɛtə nem'nɔgə 'dɔragə]
Não tem outras opções?	**У вас есть еще что-нибудь?** [u vas estʲ e'ɕʲo ʃtɔ ni'bʊtʲ?]
Eu fico com ele.	**Я возьму его.** [ja vazʲ'mʊ e'vɔ]
Eu pago em dinheiro.	**Я заплачу наличными.** [ja zapla'tʃu na'litʃnımi]
Tenho um problema.	**У меня проблема.** [u me'ɲa prab'lema]
O meu ... está partido /A minha ... está partida/.	**Мой ... сломан /Моя ... сломана/** [mɔj ... 'slɔman /ma'ja ... 'slɔmana/]
O meu ... está avariado /A minha ... está avariada/.	**Мой /Моя/ ... не работает.** [mɔj /ma'ja/ ... ne ra'bɔtaet]
televisor (m)	**телевизор (м)** [tele'wizər]
ar condicionado (m)	**кондиционер (м)** [kəndiʦia'ner]
torneira (f)	**кран (м)** [kran]
duche (m)	**душ (м)** [dʊʃ]
lavatório (m)	**раковина (ж)** ['rakəwina]

cofre (m)	**сейф (м)** [sɛjf]
fechadura (f)	**замок (м)** [za'mɔk]
tomada elétrica (f)	**розетка (ж)** [ra'zetka]
secador de cabelo (m)	**фен (м)** [fen]

Não tenho …	**У меня нет …** [u me'ɲa net …]
água	**воды** [va'dɪ]
luz	**света** ['sweta]
eletricidade	**электричества** [ɛlekt'ritʃestva]

Pode dar-me …?	**Можете мне дать …?** ['mɔʒete mne datʲ …?]
uma toalha	**полотенце** [pala'tentse]
um cobertor	**одеяло** [ade'jalə]
uns chinelos	**тапочки** ['tapɐtʃki]
um roupão	**халат** [ha'lat]
algum champô	**шампунь** [ʃʌm'pʊnʲ]
algum sabonete	**мыло** ['mɪlə]

Gostaria de trocar de quartos.	**Я хотел бы /хотела бы/ поменять номер.** [ja ha'tel /ha'tela/ bɪ pame'ɲatʲ 'nɔmer]
Não consigo encontrar a minha chave.	**Я не могу найти свой ключ.** [ja ne ma'gʊ naj'ti svɔj klʲʊtʃ]
Abra-me o quarto, por favor.	**Откройте мой номер, пожалуйста.** [atk'rɔjte mɔj 'nɔmer, pa'ʒaləstə]
Quem é?	**Кто там?** [ktɔ tam?]
Entre!	**Войдите!** [vaj'dite!]
Um minuto!	**Одну минуту!** [ad'nʊ mi'nʊtʊ!]

Agora não, por favor.	**Пожалуйста, не сейчас.** [pa'ʒaləstə, ne se'tʃas]
Venha ao meu quarto, por favor.	**Зайдите ко мне, пожалуйста.** [zaj'dite kam'ne, pa'ʒaləstə]

Gostaria de encomendar comida.

Я хочу сделать заказ еды в номер.
[ja ha'tʃu 'sdelatʲ za'kas e'dɪ v 'nɔmer]

O número do meu quarto é ...

Мой номер комнаты ...
[mɔj 'nɔmer 'kɔmnatɪ ...]

Estou de saída ...

Я уезжаю ...
[ja ue'ʑʑaʲʉ ...]

Estamos de saída ...

Мы уезжаем ...
[mɪ ue'ʑʑaem ...]

agora

сейчас
[se'tʃas]

esta tarde

сегодня после обеда
[se'vɔdɲa 'pɔsle a'beda]

hoje à noite

сегодня вечером
[se'vɔdɲa 'wetʃerəm]

amanhã

завтра
['zaftra]

amanhã de manhã

завтра утром
['zaftra 'utrəm]

amanhã ao fim da tarde

завтра вечером
['zaftra 'wetʃerəm]

depois de amanhã

послезавтра
[pɔsle'zaftra]

Gostaria de pagar.

Я хотел бы /хотела бы/
рассчитаться.
[ja ha'tel /ha'tela/ bɪ
rasɕi'tatsa]

Estava tudo maravilhoso.

Всё было отлично.
[vsʲo 'bɪlə at'litʃnə]

Onde posso apanhar um táxi?

Где я могу взять такси?
[gde ja ma'gʊ vzʲatʲ tak'si?]

Pode me chamar um táxi, por favor?

Вызовите мне такси, пожалуйста.
[vɪzawite mne tak'si, pa'ʒaləstə]

Restaurante

Posso ver o menu, por favor?	**Могу я посмотреть ваше меню?** [ma'gʊ ja pasmat'retʲ 'vaʃə me'nʲʉ?]
Mesa para um.	**Столик для одного.** [stɔlik dʎa adna'vɔ]
Somos dois (três, quatro).	**Нас двое (трое, четверо).** [nas 'dvɔe ('trɔe, 'tʃetwerə)]

Para fumadores	**Для курящих** [dʎa kʊ'rʲaɕih]
Para não fumadores	**Для некурящих** [dʎa nekʊ'rʲaɕih]
Por favor!	**Будьте добры!** ['bʊtʲte dab'rɪ!]
menu	**меню** [me'nʲʉ]
lista de vinhos	**карта вин** ['karta win]
O menu, por favor.	**Меню, пожалуйста.** [me'nʲʉ, pa'ʒaləstə]

Já escolheu?	**Вы готовы сделать заказ?** [vɪ ga'tɔvɪ 'sdelatʲ za'kas?]
O que vai tomar?	**Что вы будете заказывать?** [ʃtɔ vɪ 'bʊdete za'kazɪvatʲ?]
Eu quero …	**Я буду …** [ja 'bʊdʊ …]

Eu sou vegetariano /vegetariana/.	**Я вегетарианец /вегетарианка/.** [ja wegetari'anets /wegetari'ankaʎ]
carne	**мясо** ['mʲasə]
peixe	**рыба** ['rɪba]
vegetais	**овощи** ['ɔvaɕi]
Tem pratos vegetarianos?	**У вас есть вегетарианские блюда?** [u vas estʲ wegetari'anskie b'lʲʉda?]
Não como porco.	**Я не ем свинину.** [ja ne 'em svi'ninʊ]
Ele /ela/ não come porco.	**Он /она/ не ест мясо.** [an /a'na/ ne est 'mʲasə]
Sou alérgico /alérgica/ a …	**У меня аллергия на …** [u me'ɲa aler'gija na …]

Por favor, pode trazer-me ...?

Принесите мне, пожалуйста ...
[prine'site mne, pa'ʒaləstə ...]

sal | pimenta | açucar

соль | перец | сахар
[sɔlʲ | 'pereʦ | 'sahar]

café | chá | sobremesa

кофе | чай | десерт
['kɔfe | ʧaj | de'sert]

água | com gás | sem gás

вода | с газом | без газа
[va'da | s 'gazəm | bes 'gaza]

uma colher | um garfo | uma faca

ложка | вилка | нож
['lɔʃka | 'wilka | nɔʃ]

um prato | um guardanapo

тарелка | салфетка
[ta'relka | sal'fetka]

Bom apetite!

Приятного аппетита!
[pri'jatnəvə ape'tita!]

Mais um, por favor.

Принесите ещё, пожалуйста.
[prine'site e'ɕʲo, pa'ʒaləstə]

Estava delicioso.

Было очень вкусно.
['bɪlə 'ɔʧenʲ 'vkusnə]

---

conta | troco | gorjeta

счёт | сдача | чаевые
[ɕʲot | 'sdaʧə | ʧəi'vie]

A conta, por favor.

Счёт, пожалуйста.
[ɕʲot, pa'ʒaləstə]

Posso pagar com cartão de crédito?

Могу я заплатить карточкой?
[ma'gʊ ja zapla'titʲ 'kartəʧkəj?]

Desculpe, mas tem um erro aqui.

Извините, здесь ошибка.
[izwi'nite, zdesʲ a'ʃipka]

Centro Comercial

Posso ajudá-lo /ajudá-la/?
Могу я вам помочь?
[ma'gʊ ja vam pa'motʃ?]

Tem ...?
У вас есть ...?
[u vas estʲ ...?]

Estou à procura de ...
Я ищу ...
[ja i'ɕu ...]

Preciso de ...
Мне нужен ...
[mne 'nʊʒən ...]

Estou só a ver.
Я просто смотрю.
[ja 'prɔstə smat'rʲʉ]

Estamos só a ver.
Мы просто смотрим.
[mɪ 'prɔstə 'smɔtrim]

Volto mais tarde.
Я зайду позже.
[ja zaj'dʊ 'pɔʑʑə]

Voltamos mais tarde.
Мы зайдём позже.
[mɪ zaj'dʲom 'pɔʑʑə]

descontos | saldos
скидки | распродажа
['skitki | raspra'daʒa]

Mostre-me, por favor ...
Покажите мне, пожалуйста ...
[paka'ʒite mne, pa'ʒaləstə ...]

Dê-me, por favor ...
Дайте мне, пожалуйста ...
[dajte mne, pa'ʒaləstə ...]

Posso experimentar?
Могу я это примерить?
[ma'gʊ ja 'ɛtə pri'meritʲ?]

Desculpe, onde fica a cabine de prova?
Извините, где примерочная?
[izwi'nite, gde pri'merətʃnəja?]

Que cor prefere?
Какой цвет вы хотите?
[ka'kɔj tswet vɪ ha'tite?]

tamanho | cvomprimento
размер | рост
[raz'mer | rɔst]

Como lhe fica?
Подошло?
[pada'ʃlɔ?]

Quanto é que isto custa?
Сколько это стоит?
['skolʲkə 'ɛtə 'stɔit?]

É muito caro.
Это слишком дорого.
['ɛtə 'sliʃkəm 'dɔragə]

Eu fico com ele.
Я возьму это.
[ja vɔzʲ'mʊ 'ɛtə]

Desculpe, onde fica a caixa?
Извините, где касса?
[izwi'nite, gde 'kassa?]

Vai pagar a dinheiro ou com cartão de crédito?	**Как вы будете платить?** [kak vɪ 'bʊdete pla'titʲ?]
A dinheiro | com cartão de crédito	**наличными | карточкой** [na'litʃnɪmi | 'kartətʃkəj]

Pretende fatura?	**Вам нужен чек?** [vam 'nʊʒən tʃek?]
Sim, por favor.	**Да, будьте добры.** [da, 'bʊtʲte dab'rɪ]
Não. Está bem!	**Нет, не надо. Спасибо.** [net, ne 'nadə. spa'sibə]
Obrigado /Obrigada/. Tenha um bom dia!	**Спасибо. Всего хорошего!** [spa'sibə. vse'vɔ ha'rɔʃəvə!]

Na cidade

Desculpe, por favor …	**Извините, пожалуйста …** [izwi'nite, pa'ʒaləstə …]
Estou à procura …	**Я ищу …** [ja i'ɕu …]

do metro	**метро** [me'trɔ]
do meu hotel	**свою гостиницу** [svɔ'ʲʉ gas'tinitsu]
do cinema	**кинотеатр** [kinəte'atr]
da praça de táxis	**стоянку такси** [sta'janku tak'si]

do multibanco	**банкомат** [banka'mat]
de uma casa de câmbio	**обмен валют** [ab'men va'lʲʉt]
de um café internet	**интернет-кафе** [intɛr'nɛt ka'fɛ]
da rua …	**улицу …** [ulitsu …]
deste lugar	**вот это место** [vɔt 'ɛtə 'mestə]

Sabe dizer-me onde fica …?	**Вы не знаете, где находится …?** [vɪ ne 'znaete, gde na'hɔditsa …?]
Como se chama esta rua?	**Как называется эта улица?** [kak nazɪ'vaetsa 'ɛta 'ulitsa?]

Mostre-me onde estamos de momento.	**Покажите, где мы сейчас.** [paka'ʒite, gde mɪ se'tʃas]
Posso ir até lá a pé?	**Я дойду туда пешком?** [ja daj'dʊ tʊ'da peʃ'kɔm?]
Tem algum mapa da cidade?	**У вас есть карта города?** [u vas estʲ 'karta 'gɔrada?]

Quanto custa a entrada?	**Сколько стоит билет?** ['skɔlʲkə 'stɔit bi'let?]
Pode-se fotografar aqui?	**Здесь можно фотографировать?** [zdesʲ 'mɔʒnə fɔtagra'firəvatʲ?]
Estão abertos?	**Вы открыты?** [vɪ atk'rɪtɪ?]

A que horas abrem?

Во сколько вы открываетесь?
[vɔ 'skolʲkə vɪ atkrɪ'vaetesʲ?]

A que horas fecham?

До которого часа вы работаете?
[dɔ ka'tɔrəvə 'tʃasa vɪ ra'bɔtaete?]

Dinheiro

dinheiro	**деньги** ['denʲgi]
a dinheiro	**наличные деньги** [na'litʃnɪe 'denʲgi]
dinheiro de papel	**бумажные деньги** [bʊ'maʒnɪe 'denʲgi]
troco	**мелочь** ['melɔtʃ]
conta | troco | gorjeta	**счет | сдача | чаевые** [ɕʲot | 'sdatʃə | tʃʲei'vɪe]
cartão de crédito	**кредитная карточка** [kre'ditnəja 'kartətʃka]
carteira	**бумажник** [bʊ'maʒnik]
comprar	**покупать** [pakʊ'patʲ]
pagar	**платить** [pla'titʲ]
multa	**штраф** [ʃtraf]
gratuito	**бесплатно** [bisp'latnə]
Onde é que posso comprar ...?	**Где я могу купить ...?** [gde ja ma'gʊ kʊ'pitʲ ...?]
O banco está aberto agora?	**Банк сейчас открыт?** [bank se'tʃas atk'rɪt?]
Quando abre?	**Во сколько он открывается?** [vɔ 'skɔlʲkə ɔn atkrɪ'vaeʦa?]
Quando fecha?	**До которого часа он работает?** [dɔ ka'tɔrəvə 'tʃasa an ra'bɔtaet?]
Quanto?	**Сколько?** ['skɔlʲkə?]
Quanto custa isto?	**Сколько это стоит?** ['skɔlʲkə 'ɛtə 'stɔit?]
É muito caro.	**Это слишком дорого.** ['ɛtə 'sliʃkəm 'dɔragə]
Desculpe, onde fica a caixa?	**Извините, где касса?** [izwi'nite, gde 'kassa?]
A conta, por favor.	**Счёт, пожалуйста.** [ɕʲot, pa'ʒaləstə]

Posso pagar com cartão de crédito?	**Могу я заплатить карточкой?**
	[ma'gʊ ja zapla'titʲ 'kartətʃkəj?]
Há algum Multibanco aqui?	**Здесь есть банкомат?**
	[zdesʲ estʲ banka'mat?]
Estou à procura de um Multibanco.	**Мне нужен банкомат.**
	[mne 'nʊʒən banka'mat]

Estou à procura de uma casa de câmbio.	**Я ищу обмен валют.**
	[ja i'ɕu ab'men va'lʲʊt]
Eu gostaria de trocar ...	**Я бы хотел /хотела/ поменять ...**
	[ja bɪ ha'tel /ha'tela/ pame'nʲatʲ ...]
Qual a taxa de câmbio?	**Какой курс обмена?**
	[ka'kɔj kʊrs ab'mena]
Precisa do meu passaporte?	**Вам нужен мой паспорт?**
	[vam 'nʊʒən mɔj 'paspərt?]

Tempo

Que horas são?	**Который час?** [ka'torɪj ʧas?]
Quando?	**Когда?** [kag'da?]
A que horas?	**Во сколько?** [va 'skolʲkə?]
agora | mais tarde | depois …	**сейчас | позже | после …** [se'ʧas | 'poʑʑe | 'posle …]

uma em ponto	**Час дня** [ʧas dʲna]
uma e quinze	**Час пятнадцать** [ʧas pit'naʦatʲ]
uma e trinta	**Час тридцать** [ʧas t'rittsatʲ]
uma e quarenta e cinco	**Без пятнадцати два** [bez pit'naʦati dva]

um | dois | três	**один | два | три** [a'din | dva | tri]
quatro | cinco | seis	**четыре | пять | шесть** [ʧe'tɪre | pʲatʲ | ʃestʲ]
set | oito | nove	**семь | восемь | девять** [semʲ | 'vosemʲ | 'devʲatʲ]
dez | onze | doze	**десять | одиннадцать | двенадцать** ['desʲatʲ | a'dinnaʦatʲ | dwi'naʦatʲ]

dentro de …	**через …** [ʧerez …]
5 minutos	**5 минут** [pʲatʲ mi'nʊt]
10 minutos	**10 минут** ['desʲatʲ mi'nʊt]
15 minutos	**15 минут** [pit'naʦatʲ mi'nʊt]
20 minutos	**20 минут** ['dvaʦatʲ mi'nʊt]

meia hora	**полчаса** [pɔlʧa'sa]
uma hora	**один час** [a'din ʧas]

de manhã	**утром** ['utrəm]
de manhã cedo	**рано утром** [ranə 'utrəm]
esta manhã	**сегодня утром** [se'vɔdɲa 'utrəm]
amanhã de manhã	**завтра утром** ['zaftrə 'utrəm]

ao meio-dia	**в обед** [v a'bet]
à tarde	**после обеда** ['pɔsle a'beda]
à noite (das 18h às 24h)	**вечером** ['wetʃerəm]
esta noite	**сегодня вечером** [se'vɔdɲa 'wetʃerəm]

à noite (da 0h às 6h)	**ночью** ['nɔtʃʉ]
ontem	**вчера** [vtʃe'ra]
hoje	**сегодня** [si'vɔdɲa]
amanhã	**завтра** ['zaftra]
depois de amanhã	**послезавтра** [pɔsle'zaftra]

Que dia é hoje?	**Какой сегодня день?** [ka'kɔj si'vɔdɲa denʲ?]
Hoje é …	**Сегодня …** [se'vɔdɲa …]
segunda-feira	**понедельник** [pani'delʲnik]
terça-feira	**вторник** ['ftɔrnik]
quarta-feira	**среда** [sri'da]

quinta-feira	**четверг** [tʃet'werk]
sexta-feira	**пятница** ['pʲatnitsa]
sábado	**суббота** [sʊ'bɔta]
domingo	**воскресение** [vaskrə'seɲje]

Saudações. Apresentações

Olá!	**Здравствуйте.** ['zdrastvʊjtе]
Prazer em conhecê-lo /conhecê-la/.	**Рад /рада/ с вами познакомиться.** [rad /'rada/ s 'vami pazna'komitsa]
O prazer é todo meu.	**Я тоже.** [ja 'tоʒɛ]
Apresento-lhe ...	**Знакомьтесь. Это ...** [zna'komʲtesʲ. 'ɛtə ...]
Muito prazer.	**Очень приятно.** [ɔtʃenʲ pri'jatnə]

Como está?	**Как вы? | Как у вас дела?** [kak vɪ? | kak u vas dе'la?]
Chamo-me ...	**Меня зовут ...** [mi'ɲa za'vʊt ...]
Ele chama-se ...	**Его зовут ...** [e'vɔ za'vʊt ...]
Ela chama-se ...	**Её зовут ...** [eʲo za'vʊt ...]
Como é que o senhor /a senhora/ se chama?	**Как вас зовут?** [kak vas za'vʊt?]
Como é que ela se chama?	**Как его зовут?** [kak e'vɔ za'vʊt?]
Como é que ela se chama?	**Как ее зовут?** [kak eʲo za'vʊt?]

Qual o seu apelido?	**Как ваша фамилия?** [kak 'vaʃʌ fa'milija?]
Pode chamar-me ...	**Зовите меня ...** [za'wite me'ɲa ...]
De onde é?	**Откуда вы?** [at'kʊda vɪ]
Sou de ...	**Я из ...** [ja iz ...]
O que faz na vida?	**Кем вы работаете?** [kem vɪ ra'botaete?]
Quem é este?	**Кто это?** [ktɔ 'ɛtə?]
Quem é ele?	**Кто он?** [ktɔ ɔn?]
Quem é ela?	**Кто она?** [ktɔ a'na?]
Quem são eles?	**Кто они?** [ktɔ a'ni?]

Este é ...

Это ...
['ɛtə ...]

o meu amigo

мой друг
[mɔj drʊk]

a minha amiga

моя подруга
[ma'ja pad'rʊga]

o meu marido

мой муж
[mɔj mʊʃ]

a minha mulher

моя жена
[ma'ja ʒi'na]

o meu pai

мой отец
[mɔj a'tets]

a minha mãe

моя мама
[ma'ja 'mama]

o meu irmão

мой брат
[mɔj brat]

a minha irmã

моя сестра
[ma'ja sist'ra]

o meu filho

мой сын
[mɔj sɪn]

a minha filha

моя дочь
[ma'ja dotʃ]

Este é o nosso filho.

Это наш сын.
['ɛtə naʃ sɪn]

Este é a nossa filha.

Это наша дочь.
['ɛtə 'naʃʌ dotʃ]

Estes são os meus filhos.

Это мои дети.
['ɛtə ma'i 'deti]

Estes são os nossos filhos.

Это наши дети.
['ɛtə 'naʃi 'deti]

Despedidas

Adeus!	**До свидания!** [dɔ swi'danija!]
Tchau!	**Пока!** [pa'ka!]
Até amanhã.	**До завтра.** [dɔ 'zaftra]
Até breve.	**До встречи.** [dɔ vstr'etʃi]
Até às sete.	**Встретимся в семь.** [vstr'etimsʲa v semʲ]
Diverte-te!	**Развлекайтесь!** [razvle'kajtesʲ!]
Falamos mais tarde.	**Поговорим попозже.** [pagava'rim pa'pɔʑʑə]
Bom fim de semana.	**Удачных выходных.** [u'datʃnıh vıhad'nıh]
Boa noite.	**Спокойной ночи.** [spa'kɔjnəj 'nɔtʃi]
Está na hora.	**Мне пора.** [mne pa'ra]
Preciso de ir embora.	**Мне надо идти.** [mne 'nadə it'ti]
Volto já.	**Я сейчас вернусь.** [ja se'tʃas wer'nʊsʲ]
Já é tarde.	**Уже поздно.** [u'ʒɛ 'pozdnə]
Tenho de me levantar cedo.	**Мне рано вставать.** [mne 'ranə vsta'vatʲ]
Vou-me embora amanhã.	**Я завтра уезжаю.** [ja 'zaftra ue'ʑʑaʲʉ]
Vamos embora amanhã.	**Мы завтра уезжаем.** [mı 'zaftra ue'ʑʑaem]
Boa viagem!	**Счастливой поездки!** [ɕas'livəj pa'eztki!]
Tive muito prazer em conhecer-vos.	**Было приятно с вами познакомиться.** ['bılə pri'jatnə s 'vami pazna'kɔmitsa]
Foi muito agradável falar consigo.	**Было приятно с вами пообщаться.** ['bılə pri'jatnə s 'vami paab'ɕatsa]

47

Obrigado /Obrigada/ por tudo.

Спасибо за всё.
[spa'sibə za 'vsʲo]

Passei um tempo muito agradável.

Я прекрасно провёл /провела/ время.
[ja pre'krasnə pra'wʲol /prawe'la/ 'vremʲa]

Passámos um tempo muito agradável.

Мы прекрасно провели время.
[mɪ pre'krasnə prawe'li 'vremʲa]

Foi mesmo fantástico.

Всё было замечательно.
[vsʲo 'bɪlə zame'tʃatelʲnə]

Vou ter saudades suas.

Я буду скучать.
[ja 'budu sku'tʃatʲ]

Vamos ter saudades suas.

Мы будем скучать.
[mɪ 'budem sku'tʃatʲ]

Boa sorte!

Удачи! Счастливо!
[u'datʃi! 'ɕaslivə!]

Dê cumprimentos a …

Передавайте привет …
[pereda'vajte pri'wet …]

Língua estrangeira

Eu não entendo.

Я не понимаю.
[ja ne pani'maʲʉ]

Escreva isso, por favor.

Напишите это, пожалуйста.
[napi'ʃite 'ɛtə, pa'ʒaləstə]

O senhor /a senhora/ fala ...?

Вы знаете ...?
[vɪ 'znaete ...?]

Eu falo um pouco de ...

Я немного знаю ...
[ja nem'nɔgə 'znaʲʉ ...]

Inglês

английский
[ang'lijskij]

Turco

турецкий
[tʊ'retskij]

Árabe

арабский
[a'rapskij]

Francês

французский
[fran'tsuskij]

Alemão

немецкий
[ne'metskij]

Italiano

итальянский
[ita'ljanskij]

Espanhol

испанский
[is'panskij]

Português

португальский
[partʊgalʲskij]

Chinês

китайский
[ki'tajskij]

Japonês

японский
[ja'pɔnskij]

Pode repetir isso, por favor.

Повторите, пожалуйста.
[pavta'rite, pa'ʒaləstə]

Compreendo.

Я понимаю.
[ja pani'maʲʉ]

Eu não entendo.

Я не понимаю.
[ja ne pani'maʲʉ]

Por favor fale mais devagar.

Говорите медленнее, пожалуйста.
[gava'rite 'medlenee, pa'ʒaləstə]

Isso está certo?

Это правильно?
['ɛtə 'prawilʲnə?]

O que é isto? (O que significa?)

Что это?
[ʃto 'ɛtə?]

Desculpas

Desculpe-me, por favor.	**Извините, пожалуйста.** [izwi'nite, pa'ʒaləstə]
Lamento.	**Я сожалею.** [ja saʒe'leʲʉ]
Tenho muita pena.	**Мне очень жаль.** [mne 'otʃenʲ ʒalʲ]
Desculpe, a culpa é minha.	**Виноват /Виновата/, это моя вина.** [wina'vat /wina'vata/, 'ɛtə ma'ja wi'na]
O erro foi meu.	**Моя ошибка.** [ma'ja a'ʃipka]

Posso ...?	**Могу я ...?** [ma'gʊ ja ...?]
O senhor /a senhora/ não se importa se eu ...?	**Вы не будете возражать, если я ...?** [vɪ ne 'bʊdete vazra'ʒatʲ, 'esli ja ...?]
Não faz mal.	**Ничего страшного.** [nitʃe'vo 'straʃnəvə]
Está tudo em ordem.	**Всё в порядке.** [vsʲo v pa'rʲatke]
Não se preocupe.	**Не беспокойтесь.** [ne bespa'kojtesʲ]

Acordo

Sim.	**Да.** [da]
Sim, claro.	**Да, конечно.** [da, ka'neʃnə]
Está bem!	**Хорошо!** [hara'ʃɔ!]
Muito bem.	**Очень хорошо.** ['ɔtʃenʲ hara'ʃɔ]
Claro!	**Конечно!** [ka'neʃnə!]
Concordo.	**Я согласен /согласна/.** [ja sag'lasen /sag'lasna/]

Certo.	**Верно.** ['wernə]
Correto.	**Правильно.** ['prawilʲnə]
Tem razão.	**Вы правы.** [vɪ 'pravɪ]
Eu não me oponho.	**Я не возражаю.** [ja ne vazra'ʒaʲʉ]
Absolutamente certo.	**Совершенно верно.** [sawer'ʃɛnnə 'wernə]

É possível.	**Это возможно.** ['ɛtə vaz'mɔʒnə]
É uma boa ideia.	**Это хорошая мысль.** [ɛtə ha'rɔʃeja mɪslʲ]
Não posso recusar.	**Не могу отказать.** [ne ma'gʊ atka'zatʲ]
Terei muito gosto.	**Буду рад /рада/.** [bʊdʊ rad /'rada/]
Com prazer.	**С удовольствием.** [s uda'vɔlʲstwiem]

Recusa. Expressão de dúvida

Não.
Нет.
[net]

Claro que não.
Конечно нет.
[ka'neʃnə net]

Não concordo.
Я не согласен /не согласна/.
[ja ne sag'lasen /ne sag'lasna/]

Não creio.
Я так не думаю.
[ja tak ne 'dʊmaˡʉ]

Isso não é verdade.
Это неправда.
['ɛtə nep'ravda]

O senhor /a senhora/ não tem razão.
Вы неправы.
[vɪ nep'ravɪ]

Acho que o senhor /a senhora/ não tem razão.
Я думаю, что вы неправы.
[ja 'dʊmaˡʉ, ʃtɔ vɪ nep'ravɪ]

Não tenho a certeza.
Не уверен /не уверена/.
[ne u'veren /ne u'verena/]

É impossível.
Это невозможно.
['ɛtə nevaz'mɔʒnə]

De modo algum!
Ничего подобного!
[nitʃe'vɔ pa'dɔbnəvə!]

Exatamente o contrário.
Наоборот!
[naaba'rɔt!]

Sou contra.
Я против.
[ja 'prɔtiv]

Não me importo.
Мне всё равно.
[mne vsˡo rav'nɔ]

Não faço ideia.
Понятия не имею.
[pa'ɲatija ne i'meˡʉ]

Não creio.
Сомневаюсь, что это так.
[samne'vaˡʉsˡ, ʃtɔ 'ɛtə tak]

Desculpe, mas não posso.
Извините, я не могу.
[izwi'nite, ja ne ma'gʊ]

Desculpe, mas não quero.
Извините, я не хочу.
[izwi'nite, ja ne ha'tʃu]

Desculpe, não quero isso.
Спасибо, мне это не нужно.
[spa'sibə, mne 'ɛtə ne 'nʊʒnə]

Já é muito tarde.
Уже поздно.
[u'ʒɛ 'pɔzdnə]

Tenho de me levantar cedo.

Мне рано вставать.
[mne 'ranə vsta'vatʲ]

Não me sinto bem.

Я плохо себя чувствую.
[ja 'plɔhə se'bʲa 'tʃustvʊʲʉ]

Expressão de gratidão

Obrigado /Obrigada/.	**Спасибо.** [spa'sibə]
Muito obrigado /obrigada/.	**Спасибо большое.** [spa'sibə balʲˈʃɵe]
Fico muito grato /grata/.	**Очень признателен /признательна/.** [ɔtʃenʲ priz'natelen /priz'natelʲna/]
Estou-lhe muito reconhecido.	**Я вам благодарен /благодарна/.** [ja vam blaga'daren /blaga'darna/]
Estamos-lhe muito reconhecidos.	**Мы Вам благодарны.** [mɪ vam blaga'darnɪ]
Obrigado /Obrigada/ pelo seu tempo.	**Спасибо, что потратили время.** [spa'sibə, ʃtɔ pat'ratili 'vremʲa]
Obrigado /Obrigada/ por tudo.	**Спасибо за всё.** [spa'sibə za 'vsʲo]
Obrigado /Obrigada/ ...	**Спасибо за ...** [spa'sibə za ...]
... pela sua ajuda	**вашу помощь** [vaʃʊ 'pomaɕ]
... por este tempo bem passado	**хорошее время** [ha'rɔʃee 'vremʲa]
... pela comida deliciosa	**прекрасную еду** [pre'krasnʊʉ e'dʊ]
... por esta noite agradável	**приятный вечер** [pri'jatnɪj 'wetʃer]
... pelo dia maravilhoso	**замечательный день** [zami'tʃatelʲnɪj denʲ]
... pela jornada fantástica	**интересную экскурсию** [inte'resnʊʉ ɛks'kʊrsiʲʉ]
Não tem de quê.	**Не за что.** [ne za ʃtə]
Não precisa agradecer.	**Не стоит благодарности.** [ne 'stɔit blaga'darnasti]
Disponha sempre.	**Всегда пожалуйста.** [vseg'da pa'ʒalǝsta]
Foi um prazer ajudar.	**Был рад /Была рада/ помочь.** [bɪl rad /bɪ'la 'rada/ pa'motʃ]
Esqueça isso.	**Забудьте. Всё в порядке.** [za'bʊtʲte. fsʲo f po'rʲatke]
Não se preocupe.	**Не беспокойтесь.** [ne bespa'kojtesʲ]

Parabéns. Cumprimentos

Parabéns!

Поздравляю!
[pazdrav'ʎaᵗ!]

Feliz aniversário!

С днём рождения!
[s 'dnᵗom raʒ'denija!]

Feliz Natal!

Весёлого рождества!
[we'sᵗoleve raʒdest'va!]

Feliz Ano Novo!

С Новым годом!
[s 'nɔvɪm 'gɔdəm!]

Feliz Páscoa!

Со Светлой Пасхой!
[sɔ 'swetləj 'pashəj!]

Feliz Hanukkah!

Счастливой Хануки!
[ɕas'livəj 'hanʊki!]

Gostaria de fazer um brinde.

У меня есть тост.
[u me'ɲa estᵗ tɔst]

Saúde!

За ваше здоровье!
[za 'vaʃe zda'rɔvje]

Bebamos a ...!

Выпьем за ... !
['vɪpjem za ... !]

Ao nosso sucesso!

За наш успех!
[za naʃ us'peh!]

Ao vosso sucesso!

За ваш успех!
[za vaʃ us'peh!]

Boa sorte!

Удачи!
[u'datɕi!]

Tenha um bom dia!

Приятного вам дня!
[pri'jatnəvə vam dɲa!]

Tenha um bom feriado!

Хорошего вам отдыха!
[ha'rɔʃevə vam 'ɔtdɪha!]

Tenha uma viagem segura!

Удачной поездки!
[u'datɕnəj pa'eztki!]

Espero que melhore em breve!

Желаю вам скорого выздоровления!
[ʒe'laᵗʉ vam 'skɔrəvə vɪzdarav'lenija!]

Socializando

Porque é que está chateado /chateada/? | **Почему вы расстроены?**
[patʃe'mʊ vɪ rast'rɔenɪ?]

Sorria! | **Улыбнитесь!**
[ulɪb'nitesʲl]

Está livre esta noite? | **Вы не заняты сегодня вечером?**
[vɪ ne zaɲatɪ se'vɔdɲa 'wetʃerəm?]

Posso oferecer-lhe algo para beber? | **Могу я предложить вам выпить?**
[ma'gʊ ja predla'ʒitʲ vam 'vɪpitʲ?]

Você quer dançar? | **Не хотите потанцевать?**
[ne ha'tite patantse'vatʲ?]

Vamos ao cinema. | **Может сходим в кино?**
['mɔʒet 'shɔdim v ki'nɔ?]

Gostaria de a convidar para ir … | **Могу я пригласить вас в …?**
[ma'gʊ ja prigla'sitʲ vas v …?]

ao restaurante | **ресторан**
[resta'ran]

ao cinema | **кино**
[ki'nɔ]

ao teatro | **театр**
[te'atr]

passear | **на прогулку**
[na pra'gʊlkʊ]

A que horas? | **Во сколько?**
[va 'skɔlʲke?]

hoje à noite | **сегодня вечером**
[se'vɔdɲa 'wetʃerəm]

às 6 horas | **в 6 часов**
[v ʃɛstʲ tʃa'sɔf]

às 7 horas | **в 7 часов**
[v semʲ tʃa'sɔf]

às 8 horas | **в 8 часов**
[v 'vɔsemʲ tʃa'sɔf]

às 9 horas | **в 9 часов**
[v 'devʲatʲ tʃa'sɔf]

Gosta deste local? | **Вам здесь нравится?**
[vam zdesʲ 'nrawitsa?]

Está com alguém? | **Вы здесь с кем-то?**
[vɪ zdesʲ s 'kem tə?]

Estou com o meu amigo. | **Я с другом /подругой/.**
[ja s 'drʊgəm /pad'rʊgej/]

Estou com os meus amigos.

Я с друзьями.
[ja s dru'zjⁱami]

Não, estou sozinho /sozinha/.

Я один /одна/.
[ja a'din /ad'na/]

Tens namorado?

У тебя есть приятель?
[u te'bⁱa estⁱ pri'jatelⁱ?]

Tenho namorado.

У меня есть друг.
[u me'ɲa estⁱ druk]

Tens namorada?

У тебя есть подружка?
[u te'bⁱa estⁱ pad'ruʃka?]

Tenho namorada.

У меня есть девушка.
[u me'ɲa estⁱ 'devuʃka]

Posso voltar a vêr-te?

Мы еще встретимся?
[mɪ e'ɕⁱo vst'retimsⁱa?]

Posso ligar-te?

Можно я тебе позвоню?
[mɔʒnə ja te'be pazva'nⁱʉ?]

Liga-me.

Позвони мне.
[pazva'ni mne]

Qual é o teu número?

Какой у тебя номер?
[ka'kɔj u te'bⁱa 'nɔmer?]

Tenho saudades tuas.

Я скучаю по тебе.
[ja sku'ʧaⁱʉ pa te'be]

Tem um nome muito bonito.

У вас очень красивое имя.
[u vas 'ɔʧenⁱ kra'sivae 'imⁱa]

Amo-te.

Я тебя люблю.
[ja te'bⁱa lⁱub'lⁱʉ]

Quer casar comigo?

Выходи за меня.
[vɪha'di za me'ɲa]

Você está a brincar!

Вы шутите!
[vɪ 'ʃutite!]

Estou só a brincar.

Я просто шучу.
[ja 'prɔstə ʃu'ʧu]

Está a falar a sério?

Вы серьезно?
[vɪ se'rⁱoznə?]

Estou a falar a sério.

Я серьёзно.
[ja se'rⁱⁱoznə]

De verdade?!

Правда?!
['pravda?!]

Incrível!

Это невероятно!
['ɛtə newera'jatnə]

Não acredito.

Я вам не верю.
[ja vam ne 'werⁱʉ]

Não posso.

Я не могу.
[ja ne ma'gu]

Não sei.

Я не знаю.
[ja ne 'znaⁱʉ]

Não entendo o que está a dizer.	**Я вас не понимаю.** [ja vas ne pani'maʲʊ]
Saia, por favor.	**Уйдите, пожалуйста.** [uj'dite, pa'ʒaləstə]
Deixe-me em paz!	**Оставьте меня в покое!** [as'tavʲte me'ɲa v pa'kɔe!]

Eu não o suporto.	**Я его не выношу.** [ja e'gɔ ne vɪna'ʃʊ]
Você é detestável!	**Вы отвратительны!** [vɪ atvra'titelʲnɪ!]
Vou chamar a polícia!	**Я вызову полицию!** [ja 'vɪzavʊ pa'litsʲiʲʊ!]

Partilha de impressões. Emoções

Gosto disto.	**Мне это нравится.** [mne 'ɛtə 'nrawiʦa]
É muito simpático.	**Очень мило.** ['ɔʧenʲ 'milə]
Fixe!	**Это здорово!** ['ɛtə 'zdɔrɔvə!]
Não é mau.	**Это неплохо.** ['ɛtə nep'lɔhə]

Não gosto disto.	**Мне это не нравится.** [mne 'ɛtə ne 'nrawiʦa]
Isso não está certo.	**Это нехорошо.** ['ɛtə nehara'ʃɔ]
Isso é mau.	**Это плохо.** ['ɛtə 'plɔhə]
Isso é muito mau.	**Это очень плохо.** ['ɛtə 'ɔʧenʲ 'plɔhə]
Isso é asqueroso.	**Это отвратительно.** ['ɛtə atvra'titelʲnə]

Estou feliz.	**Я счастлив /счастлива/.** [ja 'ɕːasliv /'ɕːasliva/]
Estou contente.	**Я доволен /довольна/.** [ja da'vɔlen /da'vɔlʲna/]
Estou apaixonado /apaixonada/.	**Я влюблён /влюблена/.** [ja vlʲub'lʲon /vlʲuble'na/]
Estou calmo /calma/.	**Я спокоен /спокойна/.** [ja spa'kɔen /spa'kɔjna/]
Estou aborrecido /aborrecida/.	**Мне скучно.** [mne 'skuʃnə]

Estou cansado /cansada/.	**Я устал /устала/.** [ja us'tal /us'tala/]
Estou triste.	**Мне грустно.** [mne 'grusnə]
Estou apavorado /apavorada/.	**Я напуган /напугана/.** [ja na'pugan /na'pugana/]

Estou zangado /zangada/.	**Я злюсь.** [ja zlʲusʲ]
Estou preocupado /preocupada/.	**Я волнуюсь.** [ja val'nujusʲ]
Estou nervoso /nervosa/.	**Я нервничаю.** [ja 'nervniʧaju]

Estou ciumento /ciumenta/.

Я завидую.
[ja za'widu'ʉ]

Estou surpreendido /surpreendida/.

Я удивлён /удивлена/.
[ja udiv'lʲon /udivle'na/]

Estou perplexo /perplexa/.

Я озадачен /озадачена/.
[ja aza'datʃen /aza'datʃena/]

Problemas. Acidentes

Tenho um problema.	**У меня проблема.** [u me'ɲa prab'lema]
Temos um problema.	**У нас проблема.** [u nas prab'lema]
Estou perdido.	**Я заблудился /заблудилась/.** [ja zablu'dilsʲa /zablu'dilasʲ/]
Perdi o último autocarro.	**Я опоздал на последний автобус (поезд).** [ja apaz'dal na pas'lednij aft'ɔbus ('pɔest)]
Não me resta nenhum dinheiro.	**У меня совсем не осталось денег.** [u me'ɲa sav'sem ne as'taləsʲ 'denek]

Eu perdi ...	**Я потерял /потеряла/ ...** [ja pate'rʲal /pate'rʲala/ ...]
Roubaram-me ...	**У меня украли ...** [u me'ɲa uk'rali ...]
o meu passaporte	**паспорт** ['paspərt]
a minha carteira	**бумажник** [bu'maʒnik]
os meus papéis	**документы** [daku'mentɪ]
o meu bilhete	**билет** [bi'let]

o dinheiro	**деньги** ['denʲgi]
a minha mala	**сумку** ['sumkʊ]
a minha camara	**фотоаппарат** ['fɔta apa'rat]
o meu computador	**ноутбук** [nɔut'buk]
o meu tablet	**планшет** [plan'ʃet]
o meu telemóvel	**телефон** [tele'fɔn]

Ajude-me!	**Помогите!** [pama'gite]
O que é que aconteceu?	**Что случилось?** [ʃtɔ slu'ʧiləsʲ?]

fogo	**пожар** [pa'ʒar]
tiroteio	**стрельба** [strelʲ'ba]
assassínio	**убийство** [u'bijstvə]
explosão	**взрыв** [vzrɪv]
briga	**драка** ['draka]

Chame a polícia!	**Вызовите полицию!** ['vɪzawite pa'liʦiʲʉ!]
Mais depressa, por favor!	**Пожалуйста, быстрее!** [pa'ʒaləstə, bɪst'ree!]
Estou à procura de uma esquadra de polícia.	**Я ищу полицейский участок.** [ja i'ɕu pali'ʦɛjskij u'ʧastək]
Preciso de telefonar.	**Мне нужно позвонить.** [mne 'nʊʒnə pazva'nitʲ]
Posso telefonar?	**Могу я позвонить?** [ma'gʊ ja pazva'nitʲ?]

Fui …	**Меня …** [mi'ɲa …]
assaltado /assaltada/	**ограбили** [ag'rabili]
roubado /roubada/	**обокрали** [abak'rali]
violada	**изнасиловали** [izna'siləvali]
atacado /atacada/	**избили** [iz'bili]

Está tudo bem consigo?	**С вами все в порядке?** [s 'vami vsʲo v pa'rʲatke?]
Viu quem foi?	**Вы видели, кто это был?** [vɪ 'wideli, kto 'ɛtə bɪl?]
Seria capaz de reconhecer a pessoa?	**Вы сможете его узнать?** [vɪ s'moʒete e'vɔ uz'natʲ?]
Tem a certeza?	**Вы точно уверены?** [vɪ 'tɔʧnə u'werenɪ?]

Acalme-se, por favor.	**Пожалуйста, успокойтесь.** [pa'ʒaləstə, uspa'kɔjtesʲ]
Calma!	**Спокойнее!** [spa'kɔjnee!]
Não se preocupe.	**Не беспокойтесь.** [ne bespa'kɔjtesʲ]
Vai ficar tudo bem.	**Всё будет хорошо.** [vsʲo 'bʊdet hara'ʃo]
Está tudo em ordem.	**Всё в порядке.** [vsʲo v pa'rʲatke]

Chegue aqui, por favor.

Tenho algumas questões a colocar-lhe.

Aguarde um momento, por favor.

Tem alguma identificação?

Obrigado. Pode ir.

Mãos atrás da cabeça!

Você está preso!

Подойдите, пожалуйста.
[pɐdaj'dite, pa'ʒɑləstə]

У меня к вам несколько вопросов.
[u me'ɲa k vam 'neskalʲkə vap'rɔsəf]

Подождите, пожалуйста.
[padaʒ'dite, pa'ʒɑləstə]

У вас есть документы?
[u vas estʲ daku'mentɪ?]

Спасибо. Вы можете идти.
[spa'sibə. vɪ 'mɔʒɛte it'ti]

Руки за голову!
['rʊki 'zagalavʊ!]

Вы арестованы!
[vɪ ares'tɔvanɪ!]

Problemas de saúde

Ajude-me, por favor.	**Помогите, пожалуйста.** [pama'gite, pa'ʒaləstə]
Não me sinto bem.	**Мне плохо.** [mne 'plɔhə]
O meu marido não se sente bem.	**Моему мужу плохо.** [mae'mʊ 'muʒu 'plɔhə]
O meu filho …	**Моему сыну …** [mae'mʊ 'sınʊ …]
O meu pai …	**Моему отцу …** [mae'mʊ at'ʦu …]
A minha mulher não se sente bem.	**Моей жене плохо.** [ma'ej ʒɛne 'plɔhə]
A minha filha …	**Моей дочери …** [ma'ej 'dɔtʃeri …]
A minha mãe …	**Моей матери …** [ma'ej 'materi …]
Tenho uma …	**У меня болит …** [u me'ɲa ba'lit …]
dor de cabeça	**голова** [gala'va]
dor de garganta	**горло** ['gɔrlə]
dor de barriga	**живот** [ʒı'vɔt]
dor de dentes	**зуб** [zup]
Estou com tonturas.	**У меня кружится голова.** [u me'ɲa kruʒiʦa gala'va]
Ele está com febre.	**У него температура.** [u ne'vɔ tempera'tʊra]
Ela está com febre.	**У неё температура.** [u neʲo tempera'tʊra]
Não consigo respirar.	**Я не могу дышать.** [ja ne ma'gʊ dı'ʃʌtʲ]
Estou a sufocar.	**Я задыхаюсь.** [ja zadı'haʲusʲ]
Sou asmático /asmática/.	**Я астматик.** [ja ast'matik]
Sou diabético /diabética/.	**Я диабетик.** [ja dia'betik]

Estou com insónia. | **У меня бессонница.**
[u me'ɲa bes'sɔnitsa]

intoxicação alimentar | **пищевое отравление**
[piɕe'vɔe atrav'lenie]

Dói aqui. | **Болит вот здесь.**
[ba'lit vɔt zdes^j]

Ajude-me! | **Помогите!**
[pama'gite!]

Estou aqui! | **Я здесь!**
[ja zdes^j!]

Estamos aqui! | **Мы здесь!**
[mɪ zdes^j!]

Tirem-me daqui! | **Вытащите меня!**
['vɪtaɕite me'ɲa!]

Preciso de um médico. | **Мне нужен врач.**
[mne 'nuʒən vratʃ]

Não me consigo mexer. | **Я не могу двигаться.**
[ja ne ma'gʊ 'dvigatsa]

Não consigo mover as pernas. | **Я не чувствую ног.**
[ja ne 'tʃustvʊʉ nɔk]

Estou ferido. | **Я ранен /ранена/.**
[ja 'ranen /'ranena/]

É grave? | **Это серьезно?**
['ɛtə se'rjioznə?]

Tenho os documentos no bolso. | **Мои документы в кармане.**
[ma'i dakʊ'mentɪ v kar'mane]

Acalme-se! | **Успокойтесь!**
[uspa'kɔjtes^j!]

Posso telefonar? | **Могу я позвонить?**
[ma'gʊ ja pazva'nit^j?]

Chame uma ambulância! | **Вызовите скорую!**
[vɪzawite 'skorʊʉ!]

É urgente! | **Это срочно!**
['ɛtə 'srɔtʃnə!]

É uma emergência! | **Это очень срочно!**
['ɛtə 'ɔtʃen^j 'srɔtʃnə!]

Mais depressa, por favor! | **Пожалуйста, быстрее!**
[pa'ʒaləstə, bɪst'ree!]

Chame o médico, por favor. | **Вызовите врача, пожалуйста.**
[vɪzawite vra'tʃa, pa'ʒaləstə]

Onde fica o hospital? | **Скажите, где больница?**
[ska'ʒite, gde bal^j'nitsa?]

Como se sente? | **Как вы себя чувствуете?**
[kak vɪ se'b^ja 'tʃustvʊete?]

Está tudo bem consigo? | **С вами все в порядке?**
[s 'vami vs^jo v pa'r^jatke?]

O que é que aconteceu? | **Что случилось?**
[ʃtɔ slu'tʃiləs^j?]

Já me sinto melhor.

Мне уже лучше.
[mne u'ʒe 'lutʃɛ]

Está tudo em ordem.

Всё в порядке.
[vsʲo v paˈrʲatke]

Tubo bem.

Всё хорошо.
[vsʲo haraˈʃɔ]

Na farmácia

farmácia	**Аптека** [ap'teka]
farmácia de serviço	**круглосуточная аптека** [krʊɡla'sʊtətʃnəja ap'teka]
Onde fica a farmácia mais próxima?	**Где ближайшая аптека?** [gde bli'ʒajʃəja ap'teka?]
Está aberto agora?	**Она сейчас открыта?** [a'na se'tʃas atk'rɪta?]
A que horas abre?	**Во сколько она открывается?** [va 'skolʲkə a'na atkrɪ'vaetsa?]
A que horas fecha?	**До которого часа она работает?** [dɔ ka'tɔrəvə 'tʃasa a'na ra'bɔtaet?]
Fica longe?	**Это далеко?** ['ɛtə dale'kɔ?]
Posso ir até lá a pé?	**Я дойду туда пешком?** [ja daj'dʊ tʊ'da peʃ'kɔm?]
Pode-me mostrar no mapa?	**Покажите мне на карте, пожалуйста.** [paka'ʒite mne na 'karte, pa'ʒaləstə]
Por favor dê-me algo para …	**Дайте мне, что-нибудь от …** ['dajte mne, ʃtɔ ni'bʊtʲ ɔt …]
as dores de cabeça	**головной боли** [galav'nɔj 'bɔli]
a tosse	**кашля** ['kaʃʎa]
o resfriado	**простуды** [pras'tʊdɪ]
a gripe	**гриппа** ['gripa]
a febre	**температуры** [tempera'tʊrɪ]
uma dor de estômago	**боли в желудке** ['bɔli v ʒi'lutke]
as náuseas	**тошноты** [taʃna'tɪ]
a diarreia	**диареи** [dia'reiʲ]
a constipação	**запора** [za'pɔra]
as dores nas costas	**боль в спине** [bɔlʲ v spi'ne]

as dores no peito	**боль в груди** ['bolʲ v grʊ'di]
a sutura	**боль в боку** [bolʲ v ba'kʊ]
as dores abdominais	**боль в животе** ['bolʲ v ʒiva'te]

comprimido	**таблетка** [tab'letka]
unguento, creme	**мазь, крем** [mazʲ, krem]
charope	**сироп** [si'rɔp]
spray	**спрей** [sprɛj]
dropes	**капли** ['kapli]

Você precisa de ir ao hospital.	**Вам нужно в больницу.** [vam 'nʊʒnə v balʲ'nitsu]
seguro de saúde	**страховка** [stra'hɔvka]
prescrição	**рецепт** [re'tsept]
repelente de insetos	**средство от насекомых** ['sredstvə at nase'kɔmıh]
penso rápido	**лейкопластырь** [lejkə'plastırʲ]

O mínimo

Desculpe, ...	**Извините, ...** [izwi'nite, ...]
Olá!	**Здравствуйте.** ['zdrastvʊjte]
Obrigado /Obrigada/.	**Спасибо.** [spa'sibə]
Adeus.	**До свидания.** [da swi'danija]
Sim.	**Да.** [da]
Não.	**Нет.** [net]
Não sei.	**Я не знаю.** [ja ne 'znaʲʊ]
Onde? | Para onde? | Quando?	**Где? | Куда? | Когда?** [gde? | kʊ'da? | kag'da?]
Preciso de ...	**Мне нужен ...** [mne 'nʊʒən ...]
Eu queria ...	**Я хочу ...** [ja ha'ʧu ...]
Tem ...?	**У вас есть ...?** [u vas estʲ ...?]
Há aqui ...?	**Здесь есть ...?** [zdesʲ estʲ ...?]
Posso ...?	**Я могу ...?** [ja ma'gʊ ...?]
..., por favor	**пожалуйста** [pa'ʒaləstə]
Estou à procura de ...	**Я ищу ...** [ja i'ɕu ...]
casa de banho	**туалет** [tʊa'let]
Multibanco	**банкомат** [banka'mat]
farmácia	**аптеку** [ap'tekʊ]
hospital	**больницу** [balʲ'niʦu]
esquadra de polícia	**полицейский участок** [pali'ʦɛjskij u'ʧastək]
metro	**метро** [met'rɔ]

táxi	**такси** [tak'si]
estação de comboio	**вокзал** [vak'zal]

Chamo-me ...	**Меня зовут ...** [mi'ɲa za'vut ...]
Como se chama?	**Как вас зовут?** [kak vas za'vut?]
Pode-me dar uma ajuda?	**Помогите мне, пожалуйста.** [pama'gite mne, pa'ʒaləstə]
Tenho um problema.	**У меня проблема.** [u me'ɲa prab'lema]
Não me sinto bem.	**Мне плохо.** [mne 'plohə]
Chame a ambulância!	**Вызовите скорую!** [vɪzawite 'skorʉʉ!]
Posso fazer uma chamada?	**Могу я позвонить?** [ma'gʊ ja pazva'nitʲ?]

Desculpe.	**Извините.** [izwi'nite]
De nada.	**Пожалуйста.** [pa'ʒaləstə]

eu	**я** [ja]
tu	**ты** [tɪ]
ele	**он** [ɔn]
ela	**она** [a'na]
eles	**они** [a'ni]
elas	**они** [a'ni]
nós	**мы** [mɪ]
vocês	**вы** [vɪ]
você	**Вы** [vɪ]

ENTRADA	**ВХОД** [vhɔt]
SAÍDA	**ВЫХОД** ['vɪhət]
FORA DE SERVIÇO	**НЕ РАБОТАЕТ** [ne ra'botaet]
FECHADO	**ЗАКРЫТО** [zak'rɪtə]

ABERTO

ОТКРЫТО
[atk'rɪtə]

PARA SENHORAS

ДЛЯ ЖЕНЩИН
[dʎa 'ʒɛnɕin]

PARA HOMENS

ДЛЯ МУЖЧИН
[dʎa mʊ'ɕin]

MINI DICIONÁRIO

Esta secção contém 250
palavras úteis necessárias
para a comunicação do dia
a dia. Irá encontrar aqui os
nomes dos meses e dias
da semana. O dicionário
contém também temas como
cores, medidas, família e
muito mais

T&P Books Publishing

CONTEÚDO DO DICIONÁRIO

T&P Books Publishing

tempo (m)	время (с)	[v'remʲa]
hora (f)	час (м)	[tʃas]
meia hora (f)	полчаса (мн)	[paltʃe'sa]
minuto (m)	минута (ж)	[mi'nʊtə]
segundo (m)	секунда (ж)	[si'kʊndə]
hoje	сегодня	[si'vɔdɲa]
amanhã	завтра	['zaftrə]
ontem	вчера	[ftʃi'ra]
segunda-feira (f)	понедельник (м)	[pani'deʎnik]
terça-feira (f)	вторник (м)	[fˈtornik]
quarta-feira (f)	среда (ж)	[sre'da]
quinta-feira (f)	четверг (м)	[tʃit'werk]
sexta-feira (f)	пятница (ж)	['pʲatnitsə]
sábado (m)	суббота (ж)	[sʊ'botə]
domingo (m)	воскресенье (с)	[vaskri'seɲje]
dia (m)	день (м)	[deɲ]
dia (m) de trabalho	рабочий день (м)	[ra'botʃij deɲ]
feriado (m)	праздник (м)	[p'raznik]
fim (m) de semana	выходные (мн)	[vɪhad'nɪe]
semana (f)	неделя (ж)	[ni'deʎa]
na semana passada	на прошлой неделе	[na p'rɔʃlaj ni'dele]
na próxima semana	на следующей неделе	[na sle'dʊɕej ni'dele]
de manhã	утром	['utram]
à tarde	после обеда	['posle a'bedə]
à noite (noitinha)	вечером	['wetʃeram]
hoje à noite	сегодня вечером	[si'vɔdɲa 'wetʃeram]
à noite	ночью	['notʃjy]
meia-noite (f)	полночь (ж)	['polnatʃ]
janeiro (m)	январь (м)	[en'varʲ]
fevereiro (m)	февраль (м)	[fiv'raʎ]
março (m)	март (м)	[mart]
abril (m)	апрель (м)	[ap'reʎ]
maio (m)	май (м)	[maj]
junho (m)	июнь (м)	[i'juɲ]
julho (m)	июль (м)	[i'juʎ]
agosto (m)	август (м)	['avgʊst]

setembro (m)	сентябрь (м)	[sin'tʲabrʲ]
outubro (m)	октябрь (м)	[ak'tʲabrʲ]
novembro (m)	ноябрь (м)	[na'jabrʲ]
dezembro (m)	декабрь (м)	[di'kabrʲ]

na primavera	весной	[wis'nɔj]
no verão	летом	['letam]
no outono	осенью	['ɔseɲy]
no inverno	зимой	[zi'mɔj]

mês (m)	месяц (м)	['mesiʦ]
estação (f)	сезон (м)	[si'zɔn]
ano (m)	год (м)	[gɔt]

2. Números. Numeração

zero	ноль	[nɔʌ]
um	один	[a'din]
dois	два	[dvə]
três	три	[tri]
quatro	четыре	[ʧi'tɪre]

cinco	пять	[pʲatʲ]
seis	шесть	[ʃəstʲ]
sete	семь	[semʲ]
oito	восемь	['vɔsemʲ]
nove	девять	['dewitʲ]
dez	десять	['desitʲ]

onze	одиннадцать	[a'dinaʦatʲ]
doze	двенадцать	[dwi'naʦatʲ]
treze	тринадцать	[tri'naʦatʲ]
catorze	четырнадцать	[ʧi'tɪrnaʦatʲ]
quinze	пятнадцать	[pit'naʦatʲ]

dezasseis	шестнадцать	[ʃɛs'naʦatʲ]
dezassete	семнадцать	[sim'naʦatʲ]
dezoito	восемнадцать	[vasem'naʦatʲ]
dezanove	девятнадцать	[diwit'naʦatʲ]

vinte	двадцать	[d'vaʦatʲ]
trinta	тридцать	[t'riʦatʲ]
quarenta	сорок	['sɔrak]
cinquenta	пятьдесят	[pitʲdi'sʲat]

sessenta	шестьдесят	[ʃistʲdi'sʲat]
setenta	семьдесят	['semʲdisit]
oitenta	восемьдесят	['vɔsemʲdisit]
noventa	девяносто	[diwi'nɔstə]
cem	сто	[stɔ]

duzentos	двести	[d'westi]
trezentos	триста	[t'ristə]
quatrocentos	четыреста	[tʃi'tɪrestə]
quinhentos	пятьсот	[pi'tsot]

seiscentos	шестьсот	[ʃɛs'sot]
setecentos	семьсот	[simʲ'sot]
oitocentos	восемьсот	[vɑsemʲ'sot]
novecentos	девятьсот	[diwi'tsot]
mil	тысяча	['tɪsitʃə]

| dez mil | десять тысяч | ['desitʲ 'tɪsitʃ] |
| cem mil | сто тысяч | [sto 'tɪsitʃ] |

| um milhão | миллион (м) | [mili'ɔn] |
| mil milhões | миллиард (м) | [mili'art] |

3. Humanos. Família

homem (m)	мужчина (м)	[mʊ'ɕinə]
jovem (m)	юноша (м)	['junɑʃə]
mulher (f)	женщина (ж)	['ʒɛɲɕinə]
rapariga (f)	девушка (ж)	['devʊʃkə]
velhote (m)	старик (м)	[stɑ'rik]
velhota (f)	старая женщина (м)	[s'tɑrɑjɑ 'ʒɛɲɕinə]

mãe (f)	мать (ж)	[matʲ]
pai (m)	отец (м)	[ɑ'tets]
filho (m)	сын (м)	[sɪn]
filha (f)	дочь (ж)	[dɔtʃ]
irmão (m)	брат (м)	[brat]
irmã (f)	сестра (ж)	[sist'rɑ]

pais (pl)	родители (мн)	[rɑ'diteli]
criança (f)	ребёнок (м)	[ri'bɔnɑk]
crianças (f pl)	дети (мн)	['deti]
madrasta (f)	мачеха (ж)	['matʃehə]
padrasto (m)	отчим (м)	['ɔtʃim]

avó (f)	бабушка (ж)	['babʊʃkə]
avô (m)	дедушка (м)	['dedʊʃkə]
neto (m)	внук (м)	[vnʊk]
neta (f)	внучка (ж)	[v'nʊtʃkə]
netos (pl)	внуки (мн)	[v'nʊki]

tio (m)	дядя (м)	['dʲadʲa]
tia (f)	тётя (ж)	['tɔtʲa]
sobrinho (m)	племянник (м)	[pliʲmʲanik]
sobrinha (f)	племянница (ж)	[pliʲmʲanitsə]
mulher (f)	жена (ж)	[ʒɪ'nɑ]

marido (m)	муж (м)	[muʃ]
casado	женатый	[ʒɪˈnɑtɪj]
casada	замужняя	[zɑˈmuʒnija]
viúva (f)	вдова (ж)	[vdɑˈvɑ]
viúvo (m)	вдовец (м)	[vdɑˈwets]

| nome (m) | имя (c) | [ˈimʲa] |
| apelido (m) | фамилия (ж) | [fɑˈmilija] |

parente (m)	родственник (м)	[ˈrɔtstwenik]
amigo (m)	друг (м)	[druk]
amizade (f)	дружба (ж)	[dˈruʒbə]

parceiro (m)	партнёр (м)	[pɑrtˈnɜr]
superior (m)	начальник (м)	[nɑˈtʃaʎnik]
colega (m)	коллега (м)	[kɑˈlegə]
vizinhos (pl)	соседи (мн)	[sɑˈsedi]

4. Corpo humano

corpo (m)	тело (c)	[ˈtelə]
coração (m)	сердце (c)	[ˈsertse]
sangue (m)	кровь (ж)	[krɔfʲ]
cérebro (m)	мозг (м)	[mɔsk]

osso (m)	кость (ж)	[kɔstʲ]
coluna (f) vertebral	позвоночник (м)	[pɑzvɑˈnɔtʃnik]
costela (f)	ребро (c)	[ribˈrɔ]
pulmões (m pl)	лёгкие (мн)	[ˈlɜhkie]
pele (f)	кожа (ж)	[ˈkɔʒə]

cabeça (f)	голова (ж)	[gɑlɑˈvɑ]
cara (f)	лицо (c)	[liˈtsɔ]
nariz (m)	нос (м)	[nɔs]
testa (f)	лоб (м)	[lɔp]
bochecha (f)	щека (ж)	[ɕiˈkɑ]

boca (f)	рот (м)	[rɔt]
língua (f)	язык (м)	[jaˈzɪk]
dente (m)	зуб (м)	[zup]
lábios (m pl)	губы (мн)	[ˈgubɪ]
queixo (m)	подбородок (м)	[pɑdbɑˈrɔdak]

orelha (f)	ухо (c)	[ˈuhə]
pescoço (m)	шея (ж)	[ˈʃəja]
olho (m)	глаз (м)	[glɑs]
pupila (f)	зрачок (м)	[zrɑˈtʃɔk]
sobrancelha (f)	бровь (ж)	[brɔfʲ]
pestana (f)	ресница (ж)	[risˈnitsə]
cabelos (m pl)	волосы (мн)	[ˈvɔlɑsɪ]

penteado (m)	причёска (ж)	[pri'ʧoskə]
bigode (m)	усы (м мн)	[u'sı]
barba (f)	борода (ж)	[bɑrɑ'dɑ]
usar, ter (~ barba, etc.)	носить	[nɑ'sitʲ]
calvo	лысый	['lısıj]

mão (f)	кисть (ж)	[kistʲ]
braço (m)	рука (ж)	[rʊ'kɑ]
dedo (m)	палец (м)	['pɑleʦ]
unha (f)	ноготь (м)	['nɔgɑtʲ]
palma (f) da mão	ладонь (ж)	[lɑ'dɔɲ]

ombro (m)	плечо (с)	[pli'ʧɔ]
perna (f)	нога (ж)	[nɑ'gɑ]
joelho (m)	колено (с)	[kɑ'lenə]
talão (m)	пятка (ж)	['pʲatkə]
costas (f pl)	спина (ж)	[spi'nɑ]

5. Vestuário. Acessórios pessoais

roupa (f)	одежда (ж)	[ɑ'deʒdə]
sobretudo (m)	пальто (с)	[pɑʎ'tɔ]
casaco (m) de peles	шуба (ж)	['ʃʊbə]
casaco, blusão (m)	куртка (ж)	['kʊrtkə]
impermeável (m)	плащ (м)	[plɑɕ]

camisa (f)	рубашка (ж)	[rʊ'bɑʃkə]
calças (f pl)	брюки (мн)	[b'ryki]
casaco (m) de fato	пиджак (м)	[pi'dʒak]
fato (m)	костюм (м)	[kɑs'tym]

vestido (ex. ~ vermelho)	платье (с)	[p'lɑtje]
saia (f)	юбка (ж)	['jupkə]
T-shirt, camiseta (f)	футболка (ж)	[fʊd'bɔlkə]
roupão (m) de banho	халат (м)	[hɑ'lɑt]
pijama (m)	пижама (ж)	[pi'ʒɑmə]
roupa (f) de trabalho	рабочая одежда (ж)	[rɑ'bɔʧija ɑ'deʒdə]

roupa (f) interior	бельё (с)	[bi'ʎjo]
peúgas (f pl)	носки (мн)	[nɑs'ki]
sutiã (m)	бюстгальтер (м)	[bys'gɑʎtɛr]
meias-calças (f pl)	колготки (мн)	[kɑl'gɔtki]
meias (f pl)	чулки (мн)	[ʧʊl'ki]
fato (m) de banho	купальник (м)	[kʊ'pɑʎnik]

chapéu (m)	шапка (ж)	['ʃʌpkə]
calçado (m)	обувь (ж)	['ɔbʊfʲ]
botas (f pl)	сапоги (мн)	[sɑpɑ'gi]
salto (m)	каблук (м)	[kɑb'luk]
atacador (m)	шнурок (м)	[ʃnʊ'rɔk]

graxa (f) para calçado	крем (м) для обуви	['krem dʎa 'ɔbuwi]
luvas (f pl)	перчатки (ж мн)	[pir'tʃatki]
mitenes (f pl)	варежки (ж мн)	['variʃki]
cachecol (m)	шарф (м)	[ʃʌrf]
óculos (m pl)	очки (мн)	[atʃ'ki]
guarda-chuva (m)	зонт (м)	[zɔnt]
gravata (f)	галстук (м)	['galstuk]
lenço (m)	носовой платок (м)	[nɑsɑ'vɔj plɑ'tɔk]
pente (m)	расчёска (ж)	[rɑ'ɕɜskə]
escova (f) para o cabelo	щётка (ж) для волос	['ɕɜtkɑ dʎa vɑ'lɔs]
fivela (f)	пряжка (ж)	[p'rʲaʃkə]
cinto (m)	пояс (м)	['pɔis]
bolsa (f) de senhora	сумочка (ж)	['sumɑtʃkə]

6. Casa. Apartamento

apartamento (m)	квартира (ж)	[kvɑr'tirə]
quarto (m)	комната (ж)	['kɔmnɑtə]
quarto (m) de dormir	спальня (ж)	[s'paʎnɑ]
sala (f) de jantar	столовая (ж)	[stɑ'lɔvɑjɑ]
sala (f) de estar	гостиная (ж)	[gɑs'tinɑjɑ]
escritório (m)	кабинет (м)	[kɑbi'net]
antessala (f)	прихожая (ж)	[pri'hɔʑɑjɑ]
quarto (m) de banho	ванная комната (ж)	['vɑnnɑjɑ 'kɔmnɑtə]
quarto (m) de banho	туалет (м)	[tuɑ'let]
aspirador (m)	пылесос (м)	[pile'sɔs]
esfregona (f)	швабра (ж)	[ʃ'vɑbrə]
pano (m), trapo (m)	тряпка (ж)	[t'rʲapkə]
vassoura (f)	веник (м)	['wenik]
pá (f) de lixo	совок (м) для мусора	[sɑ'vɔk dʎa 'musɑrə]
mobiliário (m)	мебель (ж)	['mebeʎ]
mesa (f)	стол (м)	[stɔl]
cadeira (f)	стул (м)	[stul]
cadeirão (m)	кресло (с)	[k'reslə]
espelho (m)	зеркало (с)	['zerkɑlə]
tapete (m)	ковёр (м)	[kɑ'wɜr]
lareira (f)	камин (м)	[kɑ'min]
cortinas (f pl)	шторы (ж мн)	[ʃ'tɔri]
candeeiro (m) de mesa	настольная лампа (ж)	[nɑs'tɔʎnɑjɑ 'lɑmpə]
lustre (m)	люстра (ж)	['lystrə]
cozinha (f)	кухня (ж)	['kuhɲa]
fogão (m) a gás	газовая плита (ж)	['gɑzɑvɑjɑ pli'tɑ]
fogão (m) elétrico	электроплита (ж)	[ɛlektrɑpli'tɑ]

forno (m) de micro-ondas	микроволновая печь (ж)	[mikraval'nɔvaja petʃ]
frigorífico (m)	холодильник (м)	[hala'diʎnik]
congelador (m)	морозильник (м)	[mara'ziʎnik]
máquina (f) de lavar louça	посудомоечная машина (ж)	[pasʊda'mɔetʃnaja ma'ʃinə]
torneira (f)	кран (м)	[kran]
moedor (m) de carne	мясорубка (ж)	[misa'rʊpkə]
espremedor (m)	соковыжималка (ж)	[sɔkavɪʒɪ'malkə]
torradeira (f)	тостер (м)	['tɔster]
batedeira (f)	миксер (м)	['mikser]
máquina (f) de café	кофеварка (ж)	[kafe'varkə]
chaleira (f)	чайник (м)	['tʃajnik]
bule (m)	чайник (м)	['tʃajnik]
televisor (m)	телевизор (м)	[tile'wizar]
videogravador (m)	видеомагнитофон (м)	['widea magnita'fɔn]
ferro (m) de engomar	утюг (м)	[u'tyk]
telefone (m)	телефон (м)	[tile'fɔn]